遗失在西方的中国史

20世纪初的中国铁路旧影

邱丽媛 编译

中国工人出版社

图书在版编目（CIP）数据

遗失在西方的中国史：20世纪初的中国铁路旧影 / 邱丽媛编译.
— 北京：中国工人出版社, 2021.4
ISBN 978-7-5008-7635-9
Ⅰ.①遗… Ⅱ.①邱… Ⅲ.①铁路运输－交通运输史－中国－近代－图集
Ⅳ.①F532.9-64
中国版本图书馆CIP数据核字（2021）第060990号

遗失在西方的中国史：20世纪初的中国铁路旧影

出 版 人　王娇萍
责任编辑　董　虹
责任印制　栾征宇
出版发行　中国工人出版社
地　　址　北京市东城区鼓楼外大街45号　邮编：100120
网　　址　http://www.wp-china.com
电　　话　（010）62005043（总编室）　（010）62005039（印制管理中心）
　　　　　（010）62001780（万川文化项目组）
发行热线　（010）62383056　82029051
经　　销　各地书店
印　　刷　北京盛通印刷股份有限公司
开　　本　880毫米×1230毫米　1/16
印　　张　13.75
字　　数　120千字
版　　次　2021年5月第1版　2022年11月第2次印刷
定　　价　98.00元

出版说明

由于存世稀少，加上售价过高，近代中国铁路影集的出版一直十分稀少。在2017 年的华辰春季影像拍卖会上，《纪念京汉铁路通车摄影集》以 69 万元的价格成交。《京师环城铁路工程摄影》的售价也超过 10 万元。《泺口黄河大桥》（含 11 张泺口黄河大桥施工时的照片）则近乎孤本。希望《遗失在西方的中国史：20 世纪初的中国铁路旧影》可以弥补一些空白，以助相关研究。

一、本书由京师环城铁路工程摄影、纪念京汉铁路通车摄影集、京张路工摄影，以及附录四部分组成，共收录照片 220 余张。

《京师环城铁路工程摄影》印制于 1917 年 8 月，收录 22 张北京环城铁路的珍贵照片。

《纪念京汉铁路通车摄影集》印制于 1905 年，收录 50 张京汉铁路各车站与其沿途风景照片。据《中国摄影史》记载："《纪念京汉铁路通车摄影集》作为当时国际交往的纪念册或礼品册，是目前国内所见到的尺寸最大、分量最重的纪事相册。"

《京张路工摄影》印制于 1909 年，收录 138 张京张铁路修建与竣工时的历史画面。

附录部分收录 11 张津浦铁路泺口黄河大桥建设施工时期的照片。

二、由于年代已久，部分照片褪色，导致颜色深浅不一，为了更好地呈现照片内容，保证印刷整齐精美，本书对图片色调做了统一处理。

三、图注多沿用原文，个别表述与当下区别较大，编者酌情做了修改。

四、由于时间仓促，统筹过程中不免出现疏漏、错讹，恳请广大读者批评指正。

最后，要特别感谢仝冰雪老师。《京师环城铁路工程摄影》《纪念京汉铁路通车摄影集》这两本弥足珍贵的高清影集，是他辛苦搜寻并花高价从海外购得的。正是在仝老师的慷慨帮助下，本书才得以顺利出版。

编　者

20 世纪初的中国铁路旧影

近代中国铁路的影集虽不少，但多售价奇高，动辄数十万元，多亏仝冰雪老师雪中送炭，提供了《京师环城铁路工程摄影》《纪念京汉铁路通车摄影集》两本十分罕见相册的高清图片，《遗失在西方的中国史：20 世纪初的中国铁路旧影》才得以顺利成稿。全书共分为四个部分：京师环城铁路工程摄影、纪念京汉铁路通车摄影集、京张路工摄影、附录（泺口黄河大桥摄影）。

京师环城铁路工程摄影

为解决北京粮食和煤炭运输问题，1915 年 4 月，交通部总长朱启钤向袁世凯呈送《京师环城铁路勘定路线并修改瓮城情形绘图呈请钧鉴文》，提出修筑京师环城铁路的计划，以改善城市交通并提高火车运送量。该方案迅速获得批准，京师环城铁路由京张铁路局承修，京张铁路局副总工程司陈西林担任环城铁路的总工程司，负责此事。

京师环城铁路建在城墙与护城河之间的荒地上，以京张铁路西直门站为起点，顺着城墙向北向东延伸，经过德胜门、安定门后，折向南方，经过东直门、朝阳门，转而西行，经过东便门后与京奉铁路接轨，直达正阳门东站。经过多次实地勘测，陈西林决定在德胜门、安定门、东直门、朝阳门的瓮城两侧开凿券洞，这样一来不仅节省了建筑成本，还保留下来了城门前的箭楼。这一方案通过了主管部门的论证，最终获准施工。

1915 年 6 月 16 日京师环城铁路开工建设，于同年 12 月 24 日竣工，1916 年 1 月 1 日正式通车。1916 年 1 月 4 日下午两点，朱启钤来到正阳门东车站，亲自检试新建好的京师环城铁路。

这是中国第一条城市铁路，全长 12.6 千米，新建 4 座车站，在通州岔道处与京奉铁路接轨。京师环城铁路建成后，极大地方便了旅客的出行，城内任何一处居民都可以就近买票上车，通过搭乘京师环城铁路，快速换乘京张铁路、京汉铁路或京奉铁路。另外，货物运输也变得十分快捷。货物通过京师环城铁路抵达前门车站，然后经由京汉铁路或京奉铁路运往各地，极大地提高了物资的流通速度。

1954 年 7 月，为了减少京师环城铁路对城市交通的影响，北京市政府封闭了德胜门站、安定门站、东直门站和朝阳门站。1971 年 8 月，这条存在了 55 年零 7 个月的京师环城铁路被全部拆除。

京师环城铁路建成后，工程管理处委托同生照相馆拍摄了一组照片，制作成相册赠予参与施工建设的若干工程人员。相册名为《京师环城铁路工程摄影》，共收录了 22 张照片。照片中，不仅可以看到城门处的车站、环绕城墙的铁路、行驶中的列车，还可以看到高耸的城墙和城楼、瓮城上新开的券洞，以及宽阔的护城河等。这些照片充满了历史文化内涵，数量虽少，但每张都弥足珍贵。时至今日，不仅京师环城铁路已经彻底消失不见，高耸的城墙、城楼也大多被拆除，然而通过这些老照片，我们仍然可以感受到老北京城无限的风光。

纪念京汉铁路通车摄影集

中日甲午战争结束后，清朝政府计划采取“官督商办”的形式，由各省商人集资兴建卢汉（卢沟桥—汉口）铁路。然而，战败后的清朝政府负债太多，信誉扫地，各地商人害怕自己的投入打了水漂，始终持观望态度，致使此计划无人问津。1896 年 10 月，直隶总督王文韶、湖广总督张之洞奏请设立铁路总公司，由盛宣怀任督办大臣，统筹卢汉铁路的修建。

修建卢汉铁路的消息一经传出，美、英、法、俄、德、比利时等国便展开了筑路权的争夺战。清朝政府经过一番权衡，决定使用比利时的贷款修建卢汉铁路，并由比利时全权负责修建事宜。1898 年 6 月，双方签订了《卢汉铁路比国借款续订详细合同》《卢汉铁路行车合同》，清朝政府向比利时公司借款 450 万英镑（年息 5 厘，9 折付款，期限 30 年）。合同规定，工程由比利时公司负责监造；除汉阳铁厂可以供应所需材料外，其余都归比利时公司承办，并享受免税待遇；借款期限内，一切行车管理权均归比利时公司掌握。1897 年 4 月，铁路正式开始修建，前后历时 9 年，于 1906 年 4 月 1 日全线正式通车。铁路全长 1214 千米，工程验收合格后，改名京汉铁路。

京汉铁路是中国早期建成的第一条南北铁路大动脉，客货运输收益丰厚。清朝政府认识到“凡百利生，莫如铁路速”的道理，提出“偿债赎路，收回自办”的号召，试图收回京汉铁路的主权。1908 年 3 月中国第一家银行“交通银行”开业，同年 12 月交通银行出资 500 万两白银，并向英国汇丰和法国汇理银行借款 5 万英镑，还清了与比利时的合同款，赎回了京汉铁路的管理权。

京汉铁路的全线贯通带动了沿线经济的发展，郑州、石家庄等城市逐渐发展成为商业中心和政治中心；改变了传统上依赖于水道与驿道交通网络的格局；大大提高了武汉在交通领域的重要地位，开启了武汉的水陆联运时代。

1906 年铁路通车后，当时的中国铁路总公司与修建京汉铁路的比利时公司联合摄制了《纪念京汉铁路通车摄影集》，以作纪念。这本影集使用黄铜包角，书口烫金，封面为黑色皮质，封面四角镶嵌五爪盘龙饰品，不仅装饰高贵典雅，摄制洗印技术也堪称一流，且相册内全部为法文标注。该影集收录了 1899—1906 年京汉铁路工程施工时正在修建以及建成的重要桥梁、车站、隧道和修建情景等 50 张照片。《中国摄影史》评价道："《纪念京汉铁路通车摄影集》作为当时国际交往的纪念册或礼品册，是目前国内所见到的尺寸最大、分量最重的纪事相册。"2017 年，在华辰春季影像拍卖会上，该影集以 69 万元的价格成交，成为那次拍卖会上成交价格最高的影像资料。

京张路工摄影

京张铁路是第一条中国人自主设计、自己施工、自己投资和主持修建的铁路。它是中国铁路史上的一座丰碑，也是中国铁路的骄傲。

1905 年，清朝政府决定使用京奉铁路的利润，完全依靠本国的工程人员和技术，自行修建京张铁路（北京—张家口），并任命陈昭常为总办、詹天佑为会办兼总工程司。清朝政府之所以自建京张铁路，是因为"俄国自修筑西伯利亚铁路之后，屡怀北京之野心"，"欲续建一横断蒙古铁路，由张家口而径达北京"。清朝政府深知京张铁路对于国家安全的重要性，拒绝了俄国的要求，并且利用英俄两国争夺筑路权的矛盾，与英俄两国反复磋商，最终达成了协议，约定京张铁路"完全不用国外资本和工程师，铁路建成后不得作为外国抵押借据"。

1905 年 9 月，京张铁路正式开工。詹天佑来到铁路的起点——柳村参加开工典礼，并亲自在第三根枕木上打入了第一颗道钉。全路共分三段：第一段为丰台至南口，共 57.2 千米，于 1905 年 12 月 22 日开工，9 个月后便宣告完工；第二段为南口至岔道城，共 18.2 千米，该段开工时间稍晚于第一段，1908 年 5 月 22 日随着八达岭隧道的凿通，本段实现贯通；第三段为岔道城至张家口，共 122.7 千米，八达岭隧道尚未凿通之前，本段便已开工，1909 年 7 月 4 日本段铁路铺轨完成。1909 年 8 月 11 日，京张铁路全线完工。1909 年 9 月 24 日，实现全线通车，同年 10 月 2 日，清朝政府在南口举行了京张铁路的通车典礼。

京张铁路干线自丰台起，经西直门、南口、居庸关、怀来县、宣化府至张家口，全长 260 千米，"共二十六站，平均每二十里有站一所"。其中，最著名的是青龙桥车站附近的“人”字形线路。青龙桥车站位于京张铁路关沟段，始建于 1905 年，“路险工艰为他处所未有”。“由南口到八达岭，高低相距一百八十丈”，需要开凿多条隧道，穿越军都山。詹天佑创造性地设计了“人”字形线路，缩短了隧道的长度，降低了坡度；使用双机折返牵引的方法，保证列车安全爬坡；采用开挖竖井增加工作面和使用强力炸药爆破的办法，快速高效地建成了中国铁路史上的第一条大隧道——八达岭隧道。

中国著名铁路工程专家萨福均在 1946 年所撰写的《三十年来中国之铁路工程》一文中说：“京张铁路完成以后，中国工程司之能力，便受普遍之承认，因而踏进在中国工程司历史上新的时期。”此后，凡是中国自行投资的铁路，都是中国人自主设计修建。而在借款修建的铁路上，中国工程师的地位也越发重要起来。由此可见京张铁路所具有的重要的“中国意义”。

京张铁路建成后，清朝政府拨出专款用于记录京张铁路的全貌，于是詹天佑委托同生照相馆的谭锦棠拍摄制作了《京张路工摄影》影集，影集完成后主要赠送给了北京有关官员和相关工程技术人员。影集分全本和简本两种，封面为紫红色绒布，封面上的铜牌上刻着“京张路工摄影”。流传下来的全本版本众多，收录的图片数目略有差异，主要内容则相同，都是京张铁路沿途各主要路段、车站、厂房、桥梁、隧道、机车，以及工作人员和通车典礼盛况的影像。

与《纪念京汉铁路通车摄影集》“以外方或民间为主导并实施”不同，作为中国人自主修建的第一条铁路，京张铁路开了清朝官方铁路摄影的先河。1909 年 10 月铁路正式通车前，京张铁路总工程局便拨出专款，“将建筑房厂、桥道、涵沟、峒山各工，次第择要，拍出照片”。从影集中照片的编排顺序可知，拍摄从北京出发，沿京张铁路全线进行。图片中的车站、铁轨、桥梁、隧道均已完工，另外，影集还收录了官员验收以及通车典礼的场面。

如今，京师环城铁路已经彻底消失不见，取代它的是北京地铁二号线。京汉铁路、京张铁路作为重要的铁路线，虽依然发挥着巨大的作用，但也已经发生了翻天覆地的变化，旧时的车站、桥梁等大多已经不复存在，现存的一些则成为见证中国铁路发展史的重要历史文物。希望本书有助于读者更好地认识和了解近代中国铁路的历史，同时也希望读者对于本书中的不足和错误给予批评指正。

编 者

目录

京师环城铁路工程摄影

纪念京汉铁路通车摄影集

京张路工摄影

附录 泺口黄河大桥

京师环城铁路
工 程 摄 影

为解决北京粮食和煤炭运输问题，1915 年 6 月，在京张铁路局副总工程司陈西林的主持下，京师环城铁路开工建设，并于同年 12 月竣工，1916 年 1 月 1 日正式通车。这是中国第一条城市铁路，全长 12.6 千米，建有 4 座车站，不仅提高了物资的流通速度，而且也极大地方便了旅客的出行。1954 年 7 月，北京铁路管理局封闭了环城铁路的 4 座车站。1971 年 8 月，环城铁路被全部拆除。这条环城铁路线共存在了 55 年零 7 个月，取而代之的是 1984 年 9 月开通的北京地铁 2 号线。

西直门展宽干路第八号桥

图为西直门外拓宽干路上的上承式钢板梁桥，共三孔，每孔跨度为6.66米，桥下为转河。右侧的圆柱形建筑为水塔。

1 | 2

1　西直门环城与京绥干路接轨处

左侧列车的上方隐约可见西直门城楼。西直门车站是京师环城铁路与京绥铁路的换乘站。1916 年 1 月，京张铁路与张绥铁路合并后，改称京绥铁路，当时尚未全线通车。

2　西直门旋桥及西北城角一带货厂

图中拱桥下的河流为转河，树的左侧是使用苏州码子标识的京师环城铁路 1 号桥的桥志牌。京师环城铁路初期有四座车站，分别是德胜门、安定门、东直门、朝阳门，并在这四座车站修建了货场、平交道口，以便最大限度发挥铁路的作用。

西直門旋橋及西北城角一帶街[illegible]

德勝·門車站

1 2

1 德胜门车站

照片是 1916 年环城铁路刚通车时由北向南拍摄的德胜门车站。左边白色建筑是德胜门车站，车站右侧的白色城墙是瓮城拆除后的痕迹，再往右是德胜门城楼。车站对面被围墙围起来的地方则是存放货物的货场。德胜门是北京内城九门之一，明代将健德门改为德胜门，意为“以德取胜”。德胜门车站是京师环城铁路上最初设置的站点之一。

2 德胜门闸口旋桥

照片右侧单孔桥处为德胜门西水关（积水潭附近，为单孔过梁式方形涵洞），该闸口安装有铁护栏，并设置了节制水流的闸板装置，为进水通道。另外，该处火车道为单线，水面为北护城河。由于北京地势西北高东南低，而京城水源来自西山，所以需要通过修建闸口来调节和维持水量。明清两代修建城墙时，便在城墙上留有进水和排水的水关。《清会典事例·工部·京师城垣规制》载：“(内城）正阳门东西、崇文门东、宣武门西、朝阳门南、东直门南、德胜门西，各设水关一。”

1
2

1 德胜门箭楼曲阶及道口马路碑亭

铁路在经过各座城门时与通向城外的马路交叉处设有平交道口，置有木栅栏门。火车快要接近时，关闭木栅栏门，通过后再打开，供车辆与行人通行。照片中木栅栏门处于打开状态，几个行人正在通过。

左侧碑亭即“德胜祈雪碑亭”。乾隆四十三年（1778），乾隆皇帝从明十三陵返回时，在德胜门遇到小雪。当时天气久旱，心情大好的乾隆皇帝便作诗两首刻于石碑上。第二年（1779）又建御制碑亭①。碑亭原在德胜门瓮城内，由于京师环城铁路的修建，瓮城被拆除，该碑亭矗立在道口一侧货场内。民国后期，因为德胜门火车客运候车室及货场的扩建，碑亭与围墙一道被拆除，石碑也不知所踪。

2 德胜门马路与寯桥衔接处

照片中显示的是德胜门箭楼的北面（京师环城铁路在德胜门箭楼的南面）。连接护城河两岸的寯桥上可以看到不少商贩。

---

① 另有说碑亭建于乾隆二十三年（1758）。——编者注

德勝門馬路與寫橋街接處

安定门马路道口及车站

照片是从安定门箭楼上往东南方向拍摄的。照片左侧的白色建筑为安定门车站，车站右侧的白色城墙为拆除瓮城留下的痕迹，白色城墙右侧是安定门城楼的一部分。明初将元大都的安贞门南移，改称安定门，寓意“天下安定”。安定门也叫生门。

安定门箭楼曲阶及道口马路

照片中最高的建筑为安定门箭楼（南面），箭楼下的建筑为真武庙。北京内城九座瓮城中，有七座内建有关帝庙，只有德胜门、安定门内建有真武庙[①]。京师环城铁路在修建的过程中，瓮城被拆除，没有城墙的箭楼两侧边缘用阶梯状的矮墙装饰，照片右侧可见错落有致的蹬道。

① 另有一种说法认为，只有安定门内建有真武庙。——编者注

1

2

1　安定门车站及马路与重修窎桥衔接处

这张照片是在安定门外护城河的桥上向东南方向拍摄。最左侧白色城墙是拆除瓮城留下的痕迹，左前方白色建筑是安定门车站，车站右侧是安定门箭楼（北面）。

2　安定门重修窎桥

照片显示了安定门箭楼的北面和西面，窎桥下的水面为北护城河。北护城河宽 26 米，起点为北京西直门北的三岔河口，向东流经德胜门、安定门，至东北城角与东护城河相接。

安定門重修窵橋

东北城角新开豁门

照片右侧的建筑即为东北角楼，民国时被拆除。还有一处环城铁道豁口在内城东南角楼。京师环城铁路修建时，为了方便运输，打通了东北角楼东南面的城墙，修建了用于通过火车的券门。

东直门道口及马路

照片左侧白色建筑为东直门车站，车站右侧白色城墙为瓮城拆除留下的痕迹，再往右便是东直门城楼。城楼下一辆马车与火车相映成趣。东直门位于北京城内城东垣北侧，东直门车站是京师环城铁路沿线车站之一。

东直门车站旋桥及马路围墙

照片中的白色建筑为东直门车站，车站右侧白色城墙为瓮城拆除留下的痕迹，再往右便是东直门城楼（东面）。东直门车站附近水关为排水口之一。

东直门马路与窎桥衔接处

照片中间建筑为东直门箭楼（东面），箭楼外便是连接护城河两岸的窎桥。

2

1

1　**东直门道口马路及箭楼曲阶**

照片右侧建筑是东直门箭楼（西面）。远处水塔和烟囱为京师自来水公司东直门水厂。瓮城被拆除，没有城墙的箭楼两侧边缘用阶梯状的矮墙装饰。箭楼左下角较低的建筑群为关帝庙。关帝庙原来在东直门瓮城西北角、靠近东直门城楼一侧，应是拆除瓮城时移建到东北角、靠近东直门箭楼一侧。

2　**朝阳门道口马路及车站**

照片左侧白色建筑为朝阳门车站，车站右侧白色城墙为拆除瓮城留下的痕迹，再往右便是朝阳门城楼（东面）。城楼下方的较低建筑为关帝庙。朝阳门也叫运粮门，其瓮城门洞内刻有谷穗一束。解决粮食运输也是修建京师环城铁路的目的之一。

朝陽門道口馬路及車站

朝陽門車站及旋橋

1 | 2

1　朝阳门车站及旋桥

照片中间的白色建筑为朝阳门车站，车站右侧白色城墙为拆除瓮城留下的痕迹，再往右为朝阳门城楼。车站南侧的水关（照片左侧的涵洞）是排水口。

2　朝阳门道口马路及箭楼曲阶

照片显示的是朝阳门箭楼的西南面。修建京师环城铁路时，由于瓮城城墙被拆除，箭楼与城楼脱离，火车线路从朝阳门城楼和箭楼之间穿过，箭楼内侧左、右用砖砌“之”字形蹬道。

正陽門馬路與甕橋街接處

1

2

1　朝阳门马路与穹桥衔接处

照片中间的建筑为朝阳门箭楼（东南面），左侧建筑为朝阳门城楼，水域为东护城河。朝阳门外护城河桥上有很多摊贩。

2　东南城角新开豁门

照片中间的较高建筑为东南角楼。东南角楼外的铁路应为京奉铁路，右侧建筑为站房，照片左侧穿过券洞的铁路为京师环城铁路。1915年，京师环城铁路修建时，打通了东南角楼西侧的城墙，并修建了中国传统的拱券式门洞，靠近券洞的一座墩台也被拆除。该火车券洞至今保存完好，是京师环城铁路唯一的遗存。

通州岔道站环城与京奉路线接轨处

照片中向左前方铺设的轨道是京师环城铁路。该岔道口位于北京东南方向。京奉铁路修建于清朝末年，起自北京天安门广场东南侧的京奉铁路正阳门东站，终至奉天省的奉天城站（竣工后更名为辽宁总站，今沈阳北站），全长约 862 千米，是今京哈铁路的重要组成部分。京师环城铁路在东便门与京奉铁路接轨。

纪念京汉铁路
通车摄影集

京汉铁路是中国早期建成的第一条南北铁路大动脉，全长 1214 千米。1897 年 4 月正式开始修建，历时 9 年，于 1906 年 4 月全线正式通车。京汉铁路的全线贯通带动了沿线经济的发展，郑州、石家庄等城市逐渐发展成为商业中心和政治中心；改变了传统上依赖于水道与驿道交通网络的格局；大大提高了武汉在交通领域的重要地位，开启了武汉的水陆联运时代。京汉铁路的修建最初使用了比利时的贷款，并由比利时全权负责相关事宜。铁路建成后，清朝政府几经周折，于 1909 年 1 月还清借款，收回了铁路的管理权。

前门车站

照片显示的是前门西站。正阳门，俗称前门，在明清时是北京内城的正南门，位于北京城南北中轴线上最南端。正阳门城楼至箭楼之间的东西两侧先后有两座车站，东侧的叫正阳门东站，又称前门东站；西侧的叫正阳门西站，又称前门西站。前门东站是京奉铁路的起点，1959 年停业，现为中国铁道博物馆正阳门馆。前门西站为京汉铁路的起点，1900 年八国联军攻占北京后，为保障军需供应，法国人将铁路从卢沟桥向东延至正阳门西，1905 年启用，1958 年拆除。

1
2

1 前门车站的站台和房子

该站有三座站台，站台长 377 米。位于车站西侧的候车室面积有 1500 平方米，分为一等、二等和普通候车室。站内还有问事房、行李房、客票房、厕所、电报房等。

2 北京前门附近的煤市和皇城城墙

由于京师环城铁路的修建，在城墙和护城河之间建设了许多煤厂。这些煤厂大多集中在前门外的煤市街上。这条街南北走向，全长 700 多米，北起廊房头条，南至珠市口西大街。有人认为煤市街因此处自北向南设有多家煤市而得名，也有人认为是因为街南口中央有一家煤市而得名。

栈
煤
益
公

北京前门附近煤市

过去北京城内煤炭的销售有煤栈（也叫煤厂）和煤铺两种方式。煤厂在产煤处都设有分厂，称为上栈。上栈用骆驼向窑矿收货，然后由火车运到城内，多半批发给各煤铺，少半由下栈——北京各城门沿铁路一带的煤厂、煤市售予居民。当时由骆驼从京西门头沟煤窑运进北京城里的煤炭，有相当大的一部分在前门附近的煤市堆放销售。

1 | 2

1 东直门

图中左侧建筑为东直门箭楼，右侧建筑为东直门城楼。

2 复式火车及其煤水车厢

复式蒸汽机车是指机车的前后有两对汽缸的蒸汽机车。这种车功率大，牵引力强，适合爬坡。京汉铁路在通车之初，所有机车均购自比利时，中国一直没有生产这种车型。由于蒸汽机车能耗比较大，所以配备了储存煤、水等物资的煤水车厢。

1 | 2

1 永定河铁路桥

永定河铁路桥又称卢沟铁路桥，桥长约 450 米，在著名的卢沟石狮桥北面约 500 米。它是永定河上第一座铁路桥，1896 年开工，1897 年 6 月建成。设计师是时任北洋官铁路局总工程司的金达。卢沟桥事变爆发后，中日两国军队曾在这座铁路桥上展开过反复争夺。

2 长辛店车站近景

1899 年 2 月 1 日，途经长辛店的卢（沟桥）保（定）段竣工通车。由于卢沟桥畔的长辛店是西南进京的必经要道，所以从卢沟桥车站干线至长辛店车站之间的 6.9 千米自然成了京汉铁路上的一处要地，沿途有存车厂、修车厂、材料所、工厂和见习所。这些场所都分布在铁路线的西侧。

为本路极要之站，凡北段存车厂、修车厂、材料所、工厂、铁路见习所，悉在焉。车行过站时，由车中西望，各厂所即可毕呈眼底。

——《京汉旅行指南》

TCHANG-SIN-TIEN
長辛店

1 | 2

1 长辛店车站远景

2 长辛店车站侧望景

2

1

1 琉璃河铁路桥

桥长约250米。琉璃河站建成于1899年，距离北京西站49千米。琉璃河既是河名，也是地名。房山琉璃河镇是北京的南大门，因境内拥有距今3000多年的西周燕都遗址，被称为“北京之源”。

2 周口店车站

周口店车站在北京房山区周口店镇，建成于1897年。1896年，为了方便从周口店一带山坡采运石料修筑京汉铁路卢沟桥至保定段，便先行修筑了琉璃河至周口店段铁路。这条支线于1897年修通，很快周口店地区的煤炭贸易进入鼎盛时期。

本为集镇，适当山口，山内产煤。其牛马之由山间运煤来此者，络绎于途，故此站亦为运煤要区。

——《京汉旅行指南》

1　2

1　拒马河铁路桥

该桥距离北京57千米，位于河北涿州的北拒马河上，为上承式钢板梁桥。拒马河是河北境内唯一一条长年不断流的河流，北京五大水系之一。

2　北河铁路桥

该桥长371米，距离北京96千米，位于河北保定定兴县的南拒马河附近。该桥西北处有一座叫北河店的村庄。

保定府车站

1899 年 2 月 1 日，保定府车站正式通车。当时保定府是直隶的省会、直隶总督的驻地，该站自然也成了京汉铁路上重要的车站之一。在该站通车初期，旅客列车只在白天运营，晚上停运，直到 1913 年才开始昼夜行车。

唐河铁路桥

该桥距离北京 198 千米，位于今河北定州市境内的唐河上。唐河因流经河北唐县后流量增大而得名。该桥 1944 年和 1946 年两次被炸。

是处（清风店）果树最多。前行数里，近唐河一带，皆为荒沙河，分两岔，各有桥一。其一长约 150 法尺，一长约 90 法尺。车行过二桥后，遥见孤塔高峙者，即定州也。

——《京汉旅行指南》

1 | 2

1 沙河铁路桥

该桥全长约500米，距离北京228千米，位于河北石家庄新乐市新乐站附近。

2 木刀沟铁路桥

该桥全长约124米，距离北京241千米，位于河北正定境内的木刀沟以南。该河在新乐市闵镇村以上叫磁河，以下称木刀沟。

1 | 2

1 滹沱河铁路桥近景

由于河道经常南北移动，滹沱河被当地人称为“悟空河”。京汉铁路初建时，河北正定县滹沱河上共有两座大桥：全长 446 米的北支悟空河桥（上行线）、全长 573 米的南支滹沱河桥（下行线）。

路线过站（正定府车站），行经滹沱河。河上有长 30 法尺之桥四，长 440 法尺之桥一。桥柱悉用铁螺丝紧嵌，与黄河桥柱同一坚固云。

——《京汉旅行指南》

2 滹沱河铁路桥远景

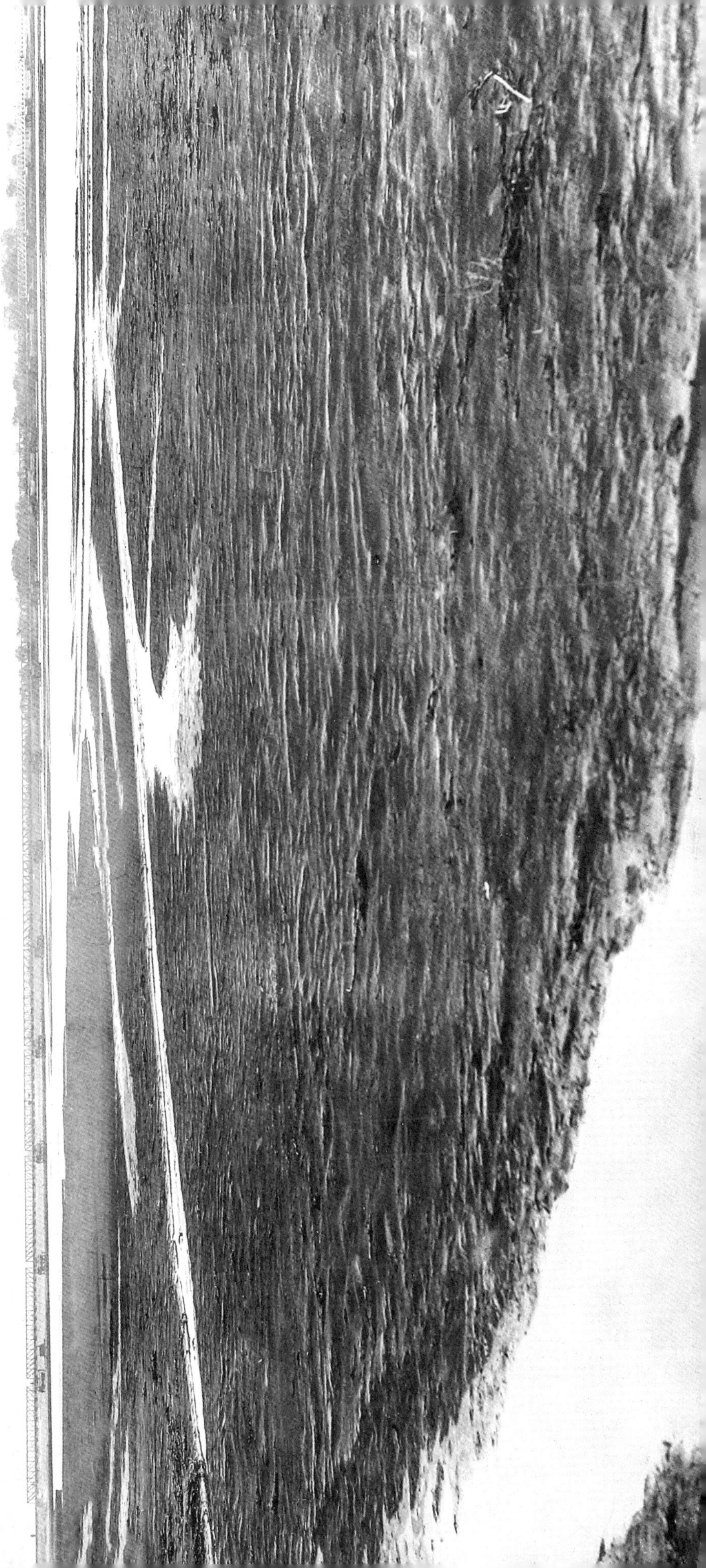

1 | 2

1 槐河铁路桥

该桥全长约 217 米，距离北京 318 千米，位于河北石家庄元氏县境内的槐河上。

2 顺德府车站

顺德府，即现在的河北邢台市。1903 年 4 月，顺德府车站建成通车。1906 年，京汉铁路全线通车，顺德府车站为京汉铁路上少有的几个大站，建有铁路医院、警务驻在所等。

SHUN-TE-FOU

沙河铁路桥

该桥距离北京 404 千米，位于河北沙河市东部。京汉铁路在沙河市境内段长 18.5 千米。

沙河上有桥三：一长 216 法尺，一长 96 法尺，一长 72 法尺。

——《京汉旅行指南》

漳河铁路桥

该桥建成于1902年，距离北京488千米，位于河南安阳市殷都区西高穴村北的漳河上。漳河铁路桥应建在古官道上的丰乐镇，但比利时工程师通过实地勘测，发现河北磁县讲武城到安阳县西高穴之间不宜建桥——河底沙质松软，河面宽广，河水汹涌。西高穴一带由于接近太行山脉，河岸土质坚硬，水流也不急，便在那里建了6个桥墩的铁路桥。

彰德府车站近景

彰德府，即现在的河南安阳市。彰德府车站建成于1904年，为区间站的宿站——夜间停靠机车的大站，最初只有三股道一站台。京汉铁路在彰德府安阳县境内设有丰乐镇、彰德、宝莲寺三站，线长37.5千米。

彰德府车站远景

洹水[①]铁路桥

距离北京505千米，在汤阴站附近，河南安阳市汤阴县境内的唐河上。

---

①原文“Yangho”应为“Anyangho”。洹水也称安阳河。——译者注

1 | 2

1 新乡县车站

新乡县车站是道泽铁路（河南浚县道口镇至山西泽州府）与京汉铁路的交会点。1902 年，获得山西五府（盂县、平安、潞安、泽州、平阳）和河南怀庆府矿产开采权的英国福公司开始修建道泽铁路。1904 年 3 月 7 日，道泽铁路全线通车。道泽铁路在新乡设有新乡县站、游家坟站、新乡新站三个站点。后铁路延长至河内县清化镇（今博爱县清化镇），改名为道清铁路。

车站距县城六七里，境内土地肥美，人民朴实。自火车行后，运输便利，地方遂形繁盛。本路与道清铁路连接在此，福公司煤亦由此输出。

——《京汉旅行指南》

2 铁路线以北地区的一座车站

应该是黄河北岸车站，位于黄河铁路桥北岸的河南武陟县詹店镇，距离前门车站 664 千米，建成于 1905 年。

1 2

1 黄河北岸大桥施工现场

全名平汉铁路郑州黄河大桥，是在黄河上修建的第一座铁路桥，也是新中国成立以前最长的桥。由比利时人沙多负责设计和施工，因郑州地处邙山尾，土质坚硬、河床较窄、河道稳定，张之洞等人结合各方汇报，才最终确定建桥地点。

1905 年 11 月 15 日竣工时，当时的外务部左侍郎联芳出席了典礼。由于比利时公司为了减轻投资负担加快了施工进度，导致工程出现质量问题，以致火车通过时速仅有 10—15 千米。1927 年，直奉军阀混战时，大桥的第十孔被炸掉；1930 年，中原大战时，第十六孔被炸掉；1938 年，日军入侵中原，炸断了大桥；1958 年 7 月 17 日，黄河暴发特大洪水，11 号桥墩被冲毁。

1987 年该桥被拆除，原址上仅留五孔桥墩。

桥长计 3010 法尺（合华 6 里有奇），构造艰难，为世界有名铁桥之一。河之上下流宽阔无垠，目极千里，与天相接。南北快车鼓轮夜渡，经此桥时，电灯灿烂，沿桥远射。每当风月良宵，车中推窗一望，电光与月色齐辉，几不辨其为夜为昼也。路线迤逶而南，过桥后即为南岸山洞。

——《京汉旅行指南》

2 黄河大桥工地全景

远望黄河大桥施工现场

黄河大桥南岸

1
2

1 黄河南岸附近铁路

黄河铁桥之发端在北岸，而极处在南岸。南北两岸之间车站相距8里。站之附近除本路购地建房为华洋各员住室外，左右皆山。一为广武山，一为麓山。土人穴居其上，以农夫渔户居多，富者则筑楼阁于洞。然土质少胶，不时倾圮。洞中天气夏凉冬暖，秋霜春温。

——《京汉旅行指南》

2 黄河大桥附近铁路

2

1

1　黄河岸边铁路

2　黄河附近隧道

1 | 2

1 黄河南岸铁路

2 练江河铁路桥

该桥长90米，距离汉口334千米，位于河南驻马店市驿城区朱古洞乡胡庄村马庄附近。桥下为东西横贯驻马店的练江河。驻马店车站是当时的铁路沿线上继彰德府第一宿站后的第二宿站，设有1座站台、15间票房及风雨棚。

1 | 2

1 信阳车站附近铁路桥

该桥长 120 米，距离汉口 277 千米，位于信阳车站附近。信阳车站是河南境内最早设立的大站，当时信阳境内有明港、长台关、信阳、柳林、鸡公山 5 座车站。

2 长台关车站附近铁路桥

该桥长 420 米，距离汉口 237 千米，位于河南信阳市的长台关车站附近。桥下为淮河支流。

1 | 2

1　一列火车正经过长台关车站附近铁路桥

2　柳林车站附近铁路桥

该桥长 240 米，距离汉口 212 千米，位于河南信阳市浉河区的柳林车站附近，桥下为浉河。

1

2

1 **新店车站附近铁路线**

该段铁路距离汉口185千米，位于河南信阳市的新店车站附近。

（新店车站）站西南15里，有地名武胜关。重山叠嶂，形势雄伟，中有大山一。当本路敷设铁轨之始，凿山开洞，颇费经营，为全路所经第一大山，且为河南、湖北两省分界处。山洞北为河南信阳州境，洞南为湖北应山县境。关为鄂豫之枢纽，实南北之咽喉，昔南北朝分治即以此为界焉。

——《京汉旅行指南》

2 **铁路隧道一侧**

该隧道距离汉口174千米，位于湖北孝感市。

隧道口一侧

孝感车站附近铁路

该段铁路距离汉口165千米，位于湖北孝感市的孝感车站附近。

1
2

1 武汉谌家矶车站和汉口江岸车站之间的铁路桥

该铁路桥长 240 米，距离汉口 19 千米，位于湖北武汉市谌家矶车站和汉口江岸车站之间。

2 正在铺设中的铁路桥

该铁路桥长 180 米，距离汉口 17 千米。

汉口车站

汉口车站，又名大智门车站，是京汉铁路南段的终点，位于湖北武汉市江岸区车站路。1900 年修建，1903 年修建完成后投入运营，沿线多为法国租界区，租界工部局、巡捕房等都在附近。

京张路工摄影

1905 年，清朝政府决定使用京奉铁路的利润，完全依靠本国的工程人员和技术，自行修建京张铁路，并任命陈昭常为总办、詹天佑为会办兼总工程司。1905 年 9 月，京张铁路正式开工。1909 年 9 月 24 日，实现全线通车。京张铁路干线自丰台起，经西直门、南口、居庸关、怀来县、宣化府至张家口，全长 260 千米，“共二十六站，平均每二十里有站一所”。其中，最著名的是青龙桥车站附近的“人”字形线路。京张铁路是第一条中国人自主设计、自己施工、自己投资和主持修建的铁路。它是中国铁路史上的一座丰碑，也是中国铁路的骄傲。

1

2

1　京张铁路总办詹天佑

詹天佑（1861—1919），祖籍徽州婺源，生于广州南海县（今荔湾区）。12岁留学美国，1878年考入耶鲁大学土木工程系，主修铁路工程。他是中国近代铁路工程专家，主持修建了中国人自主修建的第一条铁路——京张铁路，被誉为“中国铁路之父”“中国近代工程之父”。

2　京张铁路会办关冕钧

关冕钧（1871—1933），祖籍广东高明，生于广西苍梧（今梧州市）。23岁考取进士，成为翰林院编修。1905—1909年与詹天佑等一起主持修建京张铁路。1907年6月被任命为京张铁路会办。民国初期，曾担任南北议和代表、参议院议员等职。

1	2
	3

1 京张铁路总办处的两名官员

清朝后期，中央及地方设立的临时机构的总负责人为督办或总办。1905 年 5 月，清朝政府任命陈昭常为京张铁路总办，詹天佑为会办兼总工程司，并在天津设立了京张铁路总局，在北京阜成门内设立分局。1907 年，詹天佑升为总办。也是在这年，京张铁路总局迁到北京分局，原分局撤销。

2 验道专车（一）

1909 年 10 月 2 日，京张铁路在南口举行通车典礼。这幅照片拍摄于验道专列出发前。前排为工程技术人员，前排右起第三人是总工程司詹天佑。后排为满载铁路工人的验道专车。验道专车从南口车站出发，詹天佑在官员乘坐的验道专车的头等车厢后加挂了两节浅箱货车，里面乘坐的是学习验收的铁路工人。

3 验道专车（二）

左侧为工程技术人员，右侧为拿着纸笔的铁路工人。

驗道專車

驗道專車

阜成門外工程局

阜成門工程局客廳

1 | 3
2

1 阜成门外工程局

照片右侧的门旁有一块“京张铁路官医院”的牌匾。1905 年 9 月，清朝政府在北京阜成门外设立京张铁路工程局，詹天佑任会办（副局长）兼总工程司。

2 阜成门工程局客厅

客厅的桌子上放着一座西洋钟，桌子后面的墙壁上挂着一幅画和一副对联。

3 京张干路起点——柳村 60 号桥

柳村是京张铁路在北京的起点，位于北京丰台区。照片左侧的铁轨旁立着一个牌子，上写“京张铁路”四个字。牌子的左边立着一根白色的竖杆，竖杆左侧挂着一个提示司机鸣笛的放汽牌，上写“放汽号”三个字（白底黑字）。照片右侧标有数字“60”的铁路桥即为柳村京奉铁路 60 号桥。京奉铁路是外国人所修，所以铁路桥编号使用的是阿拉伯数字，而不是苏州码子。照片右侧远处的白色牌子上面标有数字“400”和一个向下的箭头（白底黑字）。

京 北
廣安門車站
KUANGANMEN

1

2

1 广安门车站

广安门车站是京张铁路的起始站。京张铁路沿线14座车站中，除西直门、宣化府、张家口车站外，其他均为统一的五开间建筑。其外表呈现典雅高级的青砖灰色，从标牌可以看出其中一间供电报部门使用，正立面上方题有“广安门车站”“KUANGANMEN”“北京”，两侧题有“光绪丙午夏季”(1906)和“陈昭常题”。1956年，由于年久失修、阻碍交通被拆除。

2 西便门天桥

照片右侧远处的建筑为白云观。照片右侧的标识牌为坡道牌，上有一个“平”字（白底黑字），表明这一地段的坡度较为平缓。正中的人力轨道车是铁路工务、电务部门检修的代步工具。

1 | 2

1 西便门 5 号天桥

桥的上方是京张铁路，下方是京汉铁路。这座长约 10 米的铁路立交桥为现在的白云桥，位于北京西便门外的白云观附近。此桥是中国最早的铁路跨线桥。桥上行人的左边有一个标识牌。天桥的左右两侧各设置有坡道，天桥左侧的坡道下有一位骑马的外国人，右侧有一位小商贩和一名正朝镜头方向走来的儿童。

2 阜成门过车道口栅门

这张照片显示了一扇典型的轨道栅栏门。左侧房屋可能是供道口工作人员使用的，窗下放着一根铁路道轨。照片右侧可见一个坡道牌，上有苏州码子“〢〇〇〇”和汉字“下”（白底黑字），表示由此地开始，每下坡 3000 尺（1 千米），线路平面高度低约 1 尺（约 0.33 米）。

111000
下
阜成門過車道口柵門

西直門過車道口柵門

1 | 2

1 西直门过车道口栅门

照片中的三股铁道分别为京门支线（西直门—门头沟）、京张铁路正线、阜成门煤栈专用线（从左至右）。照片右侧高耸的建筑应为西直门箭楼。

2 西直门停车场（一）

西直门最初的机车房。1918 年，新机车房建成后此地改为仓库。

西直門停車場

西直門停車場

1 3
2

1 西直门停车场（二）

照片显示的是通车初期的西直门车站（自南向北拍摄）。照片左侧的火车头车身上可见“P.M.B.L”四个字母。左侧远景处站台上的人正同火车内的乘客交谈。照片右侧有一名正挥舞一面小旗指挥的工作人员。

2 西直门停车场（三）

图片左侧的站台为京门线站台，站台旁边的白色建筑为铁路职工宿舍。

3 西直门车站

车站位于西直门西北侧，建成于1906年8月，为一等车站，主体站房有七间。照片中可见车站正立面的上方题有“北京西直门车站”“HSICHIHMEN”，车站前面站着四名士兵和一名官员。

1
2

1 大石桥河 12 号桥

该桥为单孔的上承式钢板梁桥，长约 10 米。

2 箭亭 14 号桥

该桥共两孔，每孔跨度约为 6.66 米。此地最初为镶白旗兵丁练习射箭的地方，后来逐渐形成了村落——箭亭村。照片中可见铁路桥后方建有一座亭子。桥上桥下各站着一名铁路工人。桥上铁路工人的旁边立着一块桥志牌，上面写着苏州码子“〡〤”（黑底白字），表明这是 14 号桥。

箭亭
橋

清河車站
CHINGHO

1 | 2

1 清河车站

清河车站建成于1905年，虽是三等车站，却是京师北郊驻兵重地。共有五间站房，中间三间为候车室，外部有券门。其内部门框上面挂着一座钟，左侧挂着一个写有“电报处”的牌子。

2 南沙河15号桥正面

南沙河铁路桥建成于1906年，北面距离沙河车站1千米。该桥左侧一孔和其他五孔工艺结构不同，左侧一孔为矮钢桁梁桥，跨度为36.6米；其他五孔为上承式钢板梁桥，每孔跨度为10米。2017年，该桥被拆除。

南沙河 15 号桥侧面

南沙河 15 号桥

这一视角可以一览南沙河的美景。

1	2
	3

1 沙河车站

该站始建于1905年，为二等车站，因紧邻南、北沙河镇而得名。车站正立面题有"沙河车站""SHAHO"，两侧题有"光绪丙午夏季"（1906）和"陈昭常题"。

2 北沙河 16 号桥侧面行车景

该桥位于北京昌平区沙河镇北，京藏高速公路朝宗桥以西大约 700 米处。始建于 1905 年，全线通车后全长 168.8 米，为京张铁路第二长的大桥，2017 年被拆除。

3 北沙河 16 号桥侧面

北沙河旁橋側面行車景

北沙河旁橋側面

1 | 2

1　辛店 20 号桥侧视

该桥位于北京昌平区马池口镇辛店村附近（昌平县城西面约 6 千米），为五孔的上承式钢板梁桥，每孔跨度为 6.1 米。

2　南口车站

南口因位于居庸关之南而得名，是重要的交通枢纽和军事重镇。该站始建于 1906 年，是京张铁路第二段的起点站。图中可见车站正立面上方题有“南口车站”“NANKOU”，两侧题有“光绪丙午夏季”（1906）和“陈昭常题”。

站車口南
NANKOU

南口機車房

1 | 2

1 南口机车房

照片右侧带有券门的建筑为南口机车房。两个券门内均可见机车头，两个券门前站着几名铁路工人。照片中间为水塔和水鹤。南口和康庄是京张铁路最重要的两处机车房。

2 南口制造厂

该制造厂是京张铁路上规模最大的机器厂，集装修机车、客车、货车于一体，首任厂长是詹天佑。初建于1906年7月，定名为京张制造厂。1910年3月，改称南口机车厂；1916年11月，更名为南口机厂。这个名称一直沿用到1949年。

1 | 2

1 南口工程司处

1907 年 4 月，詹天佑将总工程司办事处移至南口车站，以便随时了解工程进度，及时解决施工难题。

2 南口机器总管处

南口机器总管处是统筹管理施工机器的机构，不过在 1916 年的《南口车站界内图》中，机器总管处改为机车总管处，应该是用途发生了变化。其右侧相邻的建筑应为南口工程司处。

南口機器總管處

1
2

1　南口机器厂

图中远景处站有一排铁路工人在观看水柜式蒸汽机车的使用。右侧的潘德威3号机车是南口机器厂最早的调机。

2　南口总材料厂

南口总材料厂主楼门上的题字已很难辨认，照片右侧可以看见不少工人站在成堆的包裹前。厂内建有房屋二十多间，主要用作办公室与储藏室。为了便于运输，厂内还设置了岔道。

南口總材料廠

南口监工处

南口监工处是南口工程监督的办公室，共有五间房屋，储藏室、厨房各一间，其余三间为起居室，均为中式门窗。

南口旅馆

为了解决参与修建铁路的外国技术人员以及视察的高级官员的食宿问题，在南口车站附近建造了南口旅馆。图片中间的一面旗帜上写着“NANKOU RAILWAY HOTEL”（南口铁路旅馆）。左侧门柱上写着“中外旅馆”；右侧门柱上写着“南口公司”。

岫泥坑愕橋

1 | 2

1 岫泥坑 23 号桥

桥长 30.48 米，两边各有一座坚固的白色桥墩。1937 年，为了掠夺更多的煤炭资源，日军实施了青龙桥车站的延长工程。他们挖山体时破坏了河道原有的构造，导致此处发生特大洪水，包括岫泥坑 23 号桥在内的很多桥梁被冲毁。

2 窑顶沟 24 号桥

该桥位于岫泥坑 23 号桥以北 800 米，每孔跨度为 3.33 米。为了节省经费，京张铁路尽可能地使用国产水泥和石料建造了一批混凝土拱桥。在关沟段的 20 座桥梁中，有 13 座是混凝土拱桥。

1 2

1 东园新添车站作工景

此图由西北向东南方向拍摄。可见保险道岔刚刚建成，站房还没有建造。该站位于北京昌平区南口镇东园村。1912 年，为了增大关沟段的通行能力，在南口车站上行的东园、居庸关、三堡增设了会让站。

2 战沟 26 号桥

东园车站向前 750 米便是这座五孔的混凝土拱桥，每孔跨度为 3.33 米。

戰溝將橋

1	2
	3

1 居庸关南隔峒望火车全景

居庸关是京北长城沿线上的著名关城。图中的轨道车正开往居庸关隧道的南口。左侧远处的列车正位于隧道的北口，远处群山上的长城若隐若现。

2 居庸关山洞南口外 27 号桥

该桥跨度为 13.3 米。图片由东向西拍摄。

3 居庸关山洞南口

居庸关隧道长 367 米，建成于 1908 年 5 月，采用的是两端开凿法。隧道口的正立面题有“居庸关山洞”。右侧山坡上道拨房的门口站着一个人。

居庸關山峒南口外恃橋

居庸關山峒南口

居庸關山峒北口

居庸關新添車站道岔作工景

1 3
2

1 居庸关山洞北口

此图由北向南拍摄。隧道口两旁的护堤用的是长城的基石。隧道所在山坡上可见蜿蜒的长城。

2 居庸关新添车站道岔作工景

可见站房还没有建成。居庸关车站位于北京昌平区南口镇居庸关长城的北面、三桥子村的南面，建成于1912年，是一座四等车站。

3 三桥子村28号桥

该桥位于居庸关车站以北1千米，单孔，跨度为3.33米。

四橋子修橋由西望

1
2

1 四桥子 29 号桥由西望景

该桥位于居庸关车站以北 1.2 千米，单孔，跨度为 10 米。

2 四桥子 29 号桥由东望景

图中的桥壁上贴有海报，桥上的轨道车载有四名工人。

居庸上關由南望景

居庸上關彎橋

1

2 3

1 居庸上关由南望景

上关城位于四桥子村。汉代时称军都关，北齐时为纳款关，唐代时称蓟门关。之后一直叫居庸关，直到明代在居庸关南面 4 千米的地方新建了一座关城，仍叫居庸关，原来的居庸关城则改称上关城。

2 居庸上关 30 号桥

这座跨度为 13.3 米的圬工拱桥由京张铁路副工程司俞人凤和颜德庆设计施工。1939 年，被山洪冲毁。

3 三堡 32 号斜桥适过火车景

该桥共八孔，每孔跨度为 3.93 米。1939 年，被山洪冲毁。

2

1

1 五桂头山洞南口

五桂头隧道建成于1906年秋天，长46米，为北京地区还存在的少量现代铁路设施之一。洞口外依次立着标有“〡二〇”的里志牌，标有“〢三上”的坡道牌和标有“〢三”的桥志牌。三处标志牌上的数字均用苏州码子来书写。里志牌和桥志牌均是上圆下方的形状，里志牌为白底黑字，桥志牌为黑底白字，位于里志牌和桥志牌之间的坡道牌略大，上下均为方形，白底黑字。“〢三上”表示由此标往下，每上坡33尺（10.89米），线路平面高度高1尺（0.33米）。桥志牌上的“〢三”表明这是33号桥。里志牌上的“〡二〇”表明此地离始发站有120里①（69.12千米）的距离。

2 五桂头山洞北口34号桥适过火车景

该桥为单孔，跨度为10米。

---

①清朝光绪年间，1里约等于576米。——编者注

五桂頭山洞
143
五桂頭山峒北口水橋適過火車景

1 | 2 | 3

1 石佛寺山洞南口 35 号桥

该桥为单孔，跨度为 6.66 米。隧道建成于 1906 年秋天，长 141 米。1939 年，因山洪冲毁路基，隧道废弃至今。隧道口一名铁路工作人员挥舞着一面小旗。远方可见山岭和蜿蜒的长城。

2 石佛寺山洞北口

3 由小八达岭保险道岔遥望景

固关是明朝京西四大名关之一，又被称为“小八达岭”。为了保证行车安全，在关沟段和南口上下两端设置了 12 处保险道岔，火车如遇事故，可紧急驶入道岔，避免失控脱轨的危险。照片左侧的洞口应为石佛寺隧道的北口。

石佛寺山峒北口

由小八達嶺保險道分道望景

石佛寺山峒北背斜

1 | 2

1 石佛寺山洞北 37 号斜桥

该桥共六孔，每孔跨度为 3.93 米，1939 年被山洪冲毁。

2 六郎影 37 号桥

位于 6 号保险道岔以北 400 米，跨度为 6.66 米。桥身上贴有“声明假冒”的烟草告示。

青龙桥村首 38 号桥

据说，青龙桥村原名为董村，被山涧隔开。后来山洪冲来了一块青石，正好横跨山涧，村民以青石为桥，取名青龙桥，再后来村子也改称青龙桥村。

青龙桥车站

该站位于八达岭长城脚下，建成于1908年。京张铁路上著名的“人”字形线路便位于车站附近。2013年，被国务院确定为全国重点文物保护单位。车站正立面上题有“青龙桥车站”“CHINGLUNGCHIAO”。左右两侧分别题有“光绪戊申秋季”（1908）和“关冕钧题”。

青龍橋停車場由西南遥望景

青龍橋停車場將橋由西首正視全景

1 | 3
2 |

1 青龙桥停车场由西南遥望景

在照片中心位置上，工人正在搭梯修筑铁路护坡。

2 青龙桥停车场 39 号桥由西首正视全景

3 青龙桥停车场由东首正视全景

青龙桥车站上水塔

京张铁路沿线共建有十一处给蒸汽机车补水的水塔。图中水塔正上方有一个圆柱形的水柜，向铁路线一侧探出、可以转动的黑色出水管叫水鹤。

水为行车必要之物，汽车不可一日无水，亦犹人生不可以一日无食也。故路工恒视水塔为重要工程，沿路每五六十里必设水塔一座，以便机车贮水焉。水塔建筑法分为两层。上层乃贮水柜，以熟铁板为之，用铆钉接合，形如圆筒，径十二尺或十三尺，高数尺或十数尺不等。下层用砖或石砌成一空心圆形高柱，或用角铁扁铁等料制成一铁架，盛水柜于上。

——《京张铁路工程纪略》

青龙桥车站西上下火车同时开行由南望景

詹天佑设计的著名的“人”字形铁路。照片前景上的火车是一列货车。另一列火车是客车，但火车头后面一节运有货物。

1 | 2 / 3

1 八达岭山洞南口外 40 号桥

该桥为单孔，跨度为 6.66 米。

2 八达岭山洞南口

八达岭隧道是第一座中国人自行修建的单线越岭铁路隧道，也是京张铁路上四条隧道中最长的一条，长 1091 米，1908 年 5 月建成。开凿时使用了以前仅用于开发煤矿的拉克洛炸药，这在国内是首次应用。

3 八达岭洞井通风楼

开凿隧道时，为了增加作业面，加快工程进度，两支施工队伍从两端凿进的同时，第三支队伍从隧道上方往下打竖井，凿到一定深度后，再分成两支小队向两端凿进。八达岭隧道中间共挖了两个竖井，深约 25 米，井上建有通风和排烟的通风楼。

八達嶺山峒南口

八達嶺峒井通風樓

八達嶺峒井通風樓由西遙望全

1 | 2

1　八达岭洞井通风楼由西遥望全景

背景为八达岭关城。

2　八达岭山洞北口

照片左侧有一块上圆下方、白底黑字的里程牌，上有苏州码子“〡三〇”，表明此地距始发点 130 里（74.88 千米）。

八達嶺山峒北

1 | 2

1 八达岭山洞北 41 号桥

该桥跨度为 3.93 米。

2 岔道城南 42 号桥

该桥跨度为 6.66 米。岔道城在八达岭关城西北约 1.5 千米，它是京张铁路第二段的终点。

1
2

1 岔道城西 43 号桥

照片背景是长城。桥上站着两名铁路工作人员，右侧工作人员的身后就是桥志牌。

2 龙潭沟 44 号桥

该桥建成于 1909 年，是一座跨度约为 3 米的单孔拱桥。

龍潭溝券橋

西撥子跨橋

西撥子車站碴場道岔

1	3
2	

1 **西拨子45号桥**

该桥共五孔，每孔跨度为6.55米。此处轨道距离民房很近，照片右侧桥两边的儿童和站立的男子应该居住在轨道一侧冒烟的民房中。

2 **西拨子车站、碴场道岔**

照片左侧房屋的墙壁上写有苏州码子“〢〨”，表明这是25号。照片右侧轨道和道路交叉的道口处竖着两个指示牌。

3 **西拨子车站**

照片显示的是尚未竣工的西拨子车站。该站建成于1906年，东邻八达岭站3千米，西邻康庄站6.5千米。

小红山沟 46 号桥

该桥跨度为 13.33 米，为该区间最高的一座桥。

炮上河 47 号桥

该桥共两孔，每孔跨度为 6.55 米。

炮工河鋼橋

1 | 2

1 炮上河 48 号桥

该桥跨度为 9.6 米。

2 炮上河 49 号桥

该桥为上承式钢板梁桥，共四孔，每孔跨度为 9.6 米。

1	2
	3

1 康庄车站

建成于1908年，是最初设立的14座车站之一。车站正立面题有“康庄车站”“KANGCHUANG”，两侧题有“光绪戊申秋季”（1908）和“关冕钧书”等。康庄意为“闯过居庸天险，从此踏上康庄大道”。此地设有机车房，用于山道机车及康庄以西的普通机车的折返和整备。

2 康庄火车房、上水塔

照片右侧带有券门的建筑为机车房，左侧的圆形建筑为水塔。水塔两侧各伸出一个水鹤，右侧水鹤下停着一辆正在加水的机车。

3 康庄停车场由东望景

照片前景是康庄车站，背景是康庄车站的机车房和水塔。从此图不难发现车站的设施比较完善。

康莊火車房上水塔

康莊停車場由東望景

1	2

1 康庄货栈房、停车场

货栈房的墙上写着“积成公司康栈”（白底黑字）几个字，应该是一家公司的名称。

2 大王庄前轨旁卸水沟景

卸水沟即排水沟，位于康庄站西 2 千米的大王庄附近。图片左侧远处的小房子为道拨房。

大王莊前軌旁卸水溝景

石橋子村後钢桁橋

南禾硕營钢桁橋

1	
2	3

1 石桥子村后 52 号桥

该桥共两孔，跨度为 9.6 米。

2 南禾硕营 55 号桥

该桥跨度为 6.10 米，于 1906 年冬季开工，1908 年 4 月完工。

3 怀来河 56 号桥由东首北面侧望景

该桥 1906 年冬季开工，1908 年 4 月建成，共七孔，全长约 213 米，是京张铁路全线最长的大桥。20 世纪 50 年代，由于兴建官厅水库，这座大桥和怀来老县城一起沉入水底。

懷來河紅桴橋由西首北面側望景

懷來河紅桴橋南面正視景

1	3
2	

1 怀来河 56 号桥由西首北面侧望景

2 怀来河 56 号桥南面正视景

3 怀来车站

该车站建成于 1909 年，为二等车站。车站正立面题有“怀来车站”“HUAILAI”，两侧题有“光绪戊申秋季”（1908）和“关冕钧题写”。站房正面没有任何装饰，两侧种有小树。

1	2
	3

1 怀站水塔

怀站即怀来车站，水塔位于怀来车站的西侧，1907 年 5 月建成。水塔内有一个直径 9.14 米的水柜和一台抽水机，水塔道路中央有一口 10 米深的水井。窗沿多用砖雕装饰。

2 郎山 72 号桥

该桥共两孔，每孔跨度为 9.14 米。此路段附近多沟壑、土丘，因此设有高桥。

3 五营梁玉带沟 73 号桥

该桥为三孔的上承式钢板梁桥，每孔跨度为 9.14 米。

郎山鈑橋

五營梁王帶溝鈑橋

老營窪溝橋

1 | 2

1 老营洼 75 号桥

为两孔的上承式钢板梁桥，每孔跨度为 9.14 米，桥墩高 4.57 米。

2 土木西沙河 76 号桥

位于老营洼 75 号桥西侧 1.47 千米处，为十三孔的上承式钢板梁桥，每孔跨度为 3.65 米。

1 | 2

1 小土木寨过马车天桥

土木站西侧有条长约 1.6 千米的路堑，为了方便行人建造了上面的天桥。

2 太平沟 77 号桥

为单孔的上承式钢板梁桥，孔跨度为 9.14 米。

1

2

1　沙城东沙河 78 号桥

为六孔的上承式钢板梁桥，每孔跨度为 9.14 米。

2　沙城车站

始建于 1909 年，为一等车站，车道最多时有 18 股，站内设有折返段。车站正立面题有“沙城车站”“SHACHENG”，由关冕钧题写于 1908 年。

站車城沙
SHACHENG

新保安監工住房

1 | 2

1 新保安监工住房

监工住房位于车站西侧。初建时，该站仅有三股道。

2 鸡鸣驿 87 号桥

该桥共八孔，西侧一孔的跨度为 6.66 米，剩下七孔的跨度为 3.94 米。鸡鸣驿位于河北张家口市怀来县鸡鸣驿乡鸡鸣驿村，是一处明代驿站的遗存。

雞鳴驛

1
2

1 鸡鸣驿 88 号桥

位于鸡鸣驿 87 号桥以西 260 米。共四孔，西侧一孔的跨度为 3.33 米，东侧三孔的跨度为 3.94 米。

2 鸡鸣驿碴厂

碴厂位于鸡鸣驿 89 号桥以西 400 米，厂内共有三股道。照片左侧铁道的旁边立有一个写有“平”字的标牌（白底黑字），表明这段铁道位于平缓路段。

1	2
	3

1 佛爷洞洋灰砖道坡

位于下花园车站附近，高出河面 1 米左右，四周依山傍水，风景秀丽。

2 油黄沟 97 号桥

位于下花园车站的南边，为上承式钢板梁桥，每孔跨度为 10 米。

3 鸡鸣山煤矿支路与干路相接处

左侧的线路为京张铁路正线，右侧的坡上为鸡鸣山支线。詹天佑在勘测京张铁路时，发现鸡鸣山产煤，便提议修建鸡鸣山煤矿支线，1909 年两条铁路同时完工。

油黄溝鐵橋

雞鳴山煤礦枝路與幹路相接處

2

1 3

1 下花园车站

始建于 1908 年，位于下花园堡与洋河之间，此站中心位置以前是河道。1957 年，为了增加运量，从一股道改成了八股道。

2 下花园沙河 98 号桥

历史上的辽宋对峙，是下花园发展的鼎盛时期。据《辽史》记载，辽国萧太后、辽圣宗耶律隆绪南巡时看到此地险要的地势和优美的风景后，建立上、中、下三座御花园，“下花园”因此得名，并沿用至今。

3 金龙口 99 号桥

该桥是京张铁路上的第三长桥，共十八孔，每孔跨度为 6.66 米，总长 153.28 米，现在仍在使用。

下花園沙河跨橋

金龍口跨橋

1 | 2

1　蛇腰湾西洋灰砖道坡

为了运输鸡鸣山煤矿的煤炭，便在蛇腰湾、金龙口、上花园、老龙背等险峻处劈山填河，沿山铺轨，工程十分艰巨。

2　蛇腰湾西劈山填河并洋灰砖道坡

在蛇腰湾西侧劈山填河，建造洋灰砖坡道。

蛇腰灣西劈山填河并洋灰磚道坡

蛇腰灣東洋灰磚河底並禦石牆

老龍背開山並洋灰磚道坡

1	3
2	

1 **蛇腰湾东洋灰砖河底并御石墙**

2 **老龙背开山并洋灰砖道坡**

老龙背位于下花园西面，最高峰海拔 845 米。

3 **响水堡东山沟 104 号桥**

该桥共两孔，每孔跨度为 6.66 米。照片上一辆摩格尔机车牵引的工程车正驶过该桥。

1 | 2

1 十段工程司处人员

第十工程段由响水铺东至宣化大营北。

2 泥河子 110 号桥

该桥共十孔，每孔跨度为 10 米，是本区间最长的桥。20 世纪末，由于桥梁改造，桥墩被拆除。

泥河子ト橋

站車府化宣
HSUANHUAFU

2

1

1 宣化府车站

宣化府车站为一等车站，建成于1909年，1913年更名为宣化站。宣化站既是京张铁路上的大站，又是宣庞支线（宣化—庞家堡）的始发站。

2 吊桥河116号桥（一）

该桥共九孔，每孔跨度为10米。

1

2

1 吊桥河 116 号桥（二）

2 清水河 117 号桥

该桥跨度为 10 米。此处为稻田淤泥地，不易修建桥基。

清水河上橋

1	3
2	

1　沙岭子孤山片石厂

2　沙岭子车站远景

建成于 1908 年，京张铁路沿线最初的 14 座车站之一，邻近河北张家口市的主城区。

3　沙岭子车站

沙嶺子水塔及井房

張家口涵洞

1	3
2	

1 沙岭子水塔及井房

水塔水柜的直径为 3.65 米。

2 张家口涵洞

3 张家口车站

张家口车站是京张铁路的终点站，为一等车站，建成于 1909 年，其主体建筑共有九间站房。

張家口停車場

1 | 2

1 张家口停车场

车站现存五处老建筑——初建时的候车厅、站台、办公用房和 20 世纪 30 年代建成的日式运转楼、职工宿舍。

2 京门支路起点

门头沟盛产无烟煤，为了给京张铁路上的蒸汽机车添加燃料，詹天佑在 1906 年主持修建了京张铁路的辅线——京门支线，为单线行驶。

1 | 2

1　七贤村涵洞

2　旱河 5 号桥

旱河鍔橋

北辛安 9 号桥

三家店车站

三家店车站是京门支线上的一座车站，共有三间站房，其建筑样式与京张铁路主线上的车站不同。

1	2
	3

1 麻峪 11 号桥

2 永定河 12 号桥（一）

共八孔，单孔跨度约为 33.3 米。京门支线共有 14 处桥梁，永定河 12 号桥是其中最长的。

3 永定河 12 号桥（二）

永定河銕橋

永定河銕橋

门头沟车站

1939 年以前，门头沟车站是京门支线的终点。20 世纪初，这个京西的运煤大站十分繁忙。

附　录
泺口黄河大桥

泺口黄河大桥位于济南市区北部，是目前黄河上唯一一座仍承担铁路运输任务的百年老桥。1899 年 5 月，清朝政府同德国签署《津浦铁路借款草合同》，随后德国孟阿恩桥梁公司开始大桥选址工作，经过 3 年的勘探后，选定在泺口修建大桥。1909 年 7 月开工，1912 年 11 月完工，历时 40 个月。泺口黄河大桥的建成意味着津浦铁路的全线贯通，结束了津浦铁路以黄河为界，分南北两段通车的局面。2018 年 1 月，泺口黄河大桥入选第一批“中国工业遗产保护名录”。

泺口大桥全景

大桥1909年7月开工，1912年11月建成通车运营，总造价454万两白银。全桥共有11座桥墩，全长1255.2米，梁下留有充分的通航空间，可抗7级地震。桥上铺设单线线路，留有铺设双线的余地。

建造底层桩基

承建大桥的德国孟阿恩桥梁公司自 1901 年起就在济南附近黄河上下游 90 千米的范围内勘测、比选，历时 3 年，最后才选定了泺口。泺口位于济南的要塞位置，自古就是跨越黄河出济南的门户。而且，黄河到了济南城北的泺口，变得非常平缓，河床土层相对稳定，有利于建桥施工。

第三个桥墩的底层基础没入水中

从北岸开始，第 1—7 号桥墩及南北两桥台为钢筋混凝土桩基础。施工时，曾使用“杠杆法”测试桩柱的载重，每桩承载能力达 150 吨，为设计载重能力的 2 倍。

第四个桥墩，上面有气闸

施工时，采用汽力旋转打桩机打入，共用桩 1270 根。先是在四个桥墩周围打筑木排桩，棱角处采用铁桩，然后挖出桩围内的泥土，充填石块，最后用水泥封顶。

第一个桥墩的上部结构

| 1 | |
| 2 | 3 / 4 |

1 建造桥墩

全桥基础以上桥的墩身、台身均使用混凝土浇筑，表层以料石镶面。

2 为建桥而搭建的支架

3 在第三座桥墩上搭建主桥架

4 开始建造桥梁上部结构（一）

1
2

1 开始建造桥梁上部结构（二）

2 临近竣工

1912 年 11 月 28 日，津浦铁路北段总局总工程司德浦弥勒主持了验收工作。泺口大桥的建成标志着津浦铁路（天津—南京浦口）全线贯通，结束了以黄河为界分南北两段通车的局面，具有重要的战略意义和经济价值。